Richard Wagner

Parsifal

PARTITURA

Könemann Music Budapest

Parsifal

Ein Bühnenweihfestspiel

von

Richard Wagner

Orchester-Partitur

MAINZ, B. SCHOTT'S SÖHNE.

London,Schott & Comp.   Paris,Schott.   Brüssel,Gebrüder Schott.

159,Regent Street   19,Boulevard Montmartre.   82,Montagne de la Cour

Vollständiges Auslieferungs Lager

LEIPZIG,C.F.LEEDE.

Propriété pour tous pays

Ent.Stat.Hall.

23571.

PARSIFAL.

PERSONEN
der Handlung in drei Aufzügen.

AMFORTAS	BARYTON.
TITUREL	BASS.
GURNEMANZ	BASS.
PARSIFAL	TENOR.
KLINGSOR	BASS.
KUNDRY	SOPRAN.
ERSTER und **ZWEITER GRALSRITTER**:	TENOR und BASS.
VIER KNAPFEN	SOPRAN und TENOR.
KLINGSOR'S ZAUBERMÄDCHEN: Sechs Einzel-Sängerinnen	SOPRAN.
und SOPRAN und ALT in zwei CHÖREN.	
DIE BRÜDERSCHAFT DER GRALSRITTER	TENOR und BASS.
JÜNGLINGE und **KNABEN**	TENOR, ALT und SOPRAN.

Ort der Handlung:

Auf dem Gebiete und in der Burg der Gralshüter „*Monsalvat*"; Gegend im Character der nördlichen Gebirge des gothischen Spaniens. — Sodann: *Klingsor's* Zauberschloss, am Südabhange derselben Gebirge, dem arabischen Spanien zugewandt anzunehmen.

VORSPIEL.

K 1002

2

K 1002

4

K 1002

8

K 1002

K 1002

13

16   K 1002

(Der Vorhang öffnet sich
vor der Bühne.)

ERSTER AUFZUG.

SCENE : *Im Gebiet des Grales. — Wald, schattig und ernst, doch nicht düster. Eine Lichtung in der Mitte.*
Links aufsteigend wird der Weg zur Gralsburg angenommen.
Der Mitte des Hintergrundes zu senkt sich der Boden zu einem tiefer gelegenen Waldsee hinab. —
Tagesanbruch.

Das vorige Zeitmaass : Langsam.

GURNEMANZ (rüstig greisenhaft) und zwei KNAPPEN (von zartem Jünglingsalter) sind schlafend unter einem Baume gelagert. —
(Von der linken Seite, wie von der Gralsburg her, ertönt der feierliche Morgenweckruf der Posaunen.)

(Erwachend und die Knaben rüttelnd.)

He! Ho! Waldhüter ihr, Schlafhüter mitsammen, so wacht doch mindest am

(Die beiden KNAPPEN springen auf.)

Morgen! — Hört ihr den Ruf? Nun danket Gott, dass ihr be_ru_fen ihn zu hören!

K 1002

19

K 1002

24

20.

30

K 1002

K 1002

41

K 1002

53.

54

K 1002

(Ein wenig mässiger im Zeitmaass.)

K 1002

63

Etwas langsamer.

das Schneegefieder dun.kel be.fleckt,— gebrochen das Aug'— siehst du den Blick?

(PARSIFAL hat GURNEMANZ mit wachsender Ergriffenheit zugehört: jetzt zerbricht er seinen Bogen und schleudert die Pfeile von sich.)

Wirst dei_ner Sündenthat du in.ne?

72   K 1002

*) Diese Posaunen, sowie die hierauf nöch mit hinzu kommenden Trompeten, sind, je nach Bedürfniss der beabsichtigten Wirkung, nöthigenfalls durch die entsprechenden Militärmusik - Instrumente zu verstärken.

Nun achte wohl, und lass mich seh'n: bist du ein Thor und rein, welch' Wissen dir auch mag beschieden sein.

(Durch aufsteigende gemauerte Gänge führend, hat die Scene sich vollständig verwandelt: GURNEMANZ und PARSIFAL treten jetzt in den mächtigen Saal der Gralsburg ein.)

*) *Dieser Takt wird, als anwachsendes und dann abnehmendes Glockengeläute, nach der Notenvorschrift viermal – wenn nöthig, auch öfter – wiederholt, so dass das Orchester erst auf das Zeichen des Dirigenten, wie nach einer Fermate, wieder einfällt.*

(SCENE: Säulenhalle mit Kuppelgewölbe, den Speiseraum überdeckend. — Auf beiden Seiten des Hintergrundes werden die Thüren geöffnet: von rechts schreiten die Ritter des Grales herein, und reihen sich um die Speisetafeln.)

Die GRALSRITTER.

Zum letz.ten Liebesmah -

Zum letz.ten Liebesmah -

96.

96

K 1002

gen. Dieser Zug begiebt sich nach der Mitte des Hintergrundes, wo ein erhöhetes Ruhebett aufgerichtet steht, auf welches AMFOR-
TAS von der Sänfte herab niedergelassen wird; hiervor steht ein länglicher Steintisch, auf welchen die Knaben den verhängten Grals-
Schrein hinstellen.)

Glau - be lebt, die Tau - be schwebt, des Hei - - land's hol - - der Bo - - te: Der für euch fliesst, des

Glau - be lebt, die Tau - - be schwebt, des Hei - land's hol - der Bo - te: Der für euch fliesst, des

Glau - be lebt, die Tau - - be schwebt, des Hei - land's hol - der Bo - te: Der für euch fliesst, des

Glau - be lebt, die Tau - - be schwebt, des Hei - land's hol - der Bo - te: Der für euch fliesst, des Weines ge -

Immer noch langsamer werdend.

scen - - do - - - - - - f - - - - - - - - - dim. - - - - p

Weines geniesst, und nehmt vom Le - - - - - - - - - - bens - bro - - - de!

scen - - do - - - f

Wein's geniesst, und nehmt vom Le - - - - - - - - - - bens - bro - - de!

scen - - do - - - - f

Wein's geniesst, und nehmt vom Le - - - - - - - - - - bens - bro - - de!

scen - - do - - - f

niesst, und nehmt vom Le - - - - - - - - - - bens - bro - - de!

(Nachdem alle ihre Stelle eingenommen, und ein allgemeiner Stillstand eingetreten war, vernimmt man, vom tiefsten Hintergrunde her, aus einer gewölbten Nische hinter dem Ruhebette des AMFORTAS, die Stimme des alten TITUREL, wie aus einem Grabe heraufdringend)

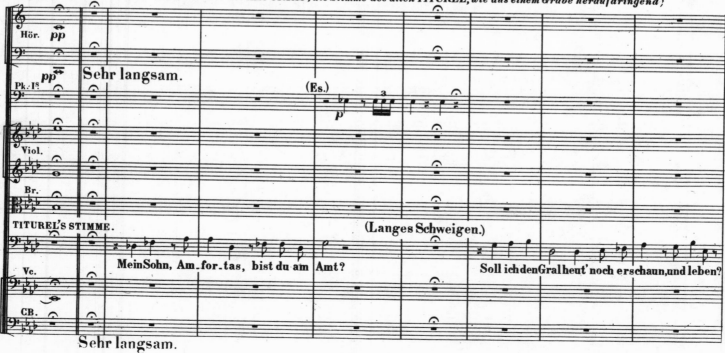

Sehr langsam.

(Langes Schweigen.)

TITUREL'S STIMME.

Mein Sohn, Am - for - tas, bist du am Amt?   Soll ich den Gral heut' noch erschaun, und leben?

Sehr langsam.

Etwas lebhafter.

102.

Etwas bewegter.

AMFORTAS (*im Ausbruche qualvoller Verzweiflung sich halb aufrichtend*)

We . . . . . he! We . . he mir der

(Langes Schweigen.)

TITUREL.

Muss ich sterben, vom Retter ungeleitet?

Was ist die Wunde, ihrer SchmerzenWuth,gegendieNoth, die Höllenpein, zu diesem Amt— verdammt zu sein!

Lebhaft. (zu 3)

Lebhaft.

105.

Weh: _volles

Langsamer werdend.

Sehr mässig.

Stra-fe oh--ne Gleichen des,ach!__ gekränk--ten Gna___den__rei_chen!__

Nach Ihm, nach Sei_nemWei___he_gru__sse muss sehn___lichmich'sver_

Sehr langsam.

Des Weih . gefässes gött . licher Gehalt er . glüht mit leuch . tender Gewalt; durch .

Allmählich etwas belebter.

Etwas belebend.

zückt von se . ligsten Genusses Schmerz, des heiligsten Blutes Quell fühl' ich sich gie . ssen in mein Herz:

des eig'nen sündigen Blu_tes Gewell', in wahnsinniger Flucht muss mir zurück dann fliessen, in die Welt der Sün_densucht mit

wil_der Scheu sich ergiessen; von Neu_em sprengt es das Thor, da_raus es nun strömt_ her_vor, hier durch die

Wieder zurückhaltend und gedehnt.

(*Während AMFORTAS andachtvoll in stummem Gebete zu dem Kelche sich neigt, verbreitet sich eine immer dichtere Dämmerung über die Halle.*)

(Hier dringt ein blendender Lichtstrahl von oben auf
die Krystallschale herab; diese erglüht sodann in
leuchtender Purpurfarbe, alles sanft bestrahlend.)

(AMFORTAS, mit verklärter Miene, erhebt den „Gral" hoch und schwenkt ihn sanft nach allen Seiten, worauf er damit Brod und Wein segnet. Alles ist auf den Knieen.)

122

K 1002

(Die 4 Knaben, nachdem sie den Schrein verschlossen, nehmen nun die zwei Weinkrüge, sowie die zwei Brod-Körbe, welche AMFORTAS zuvor, durch das Schwenken des Grals-Kelches über sie, gesegnet hatte, von dem Altartische, vertheilen das Brod an die Ritter und füllen die vor ihnen stehenden Becher mit Wein. Die Ritter lassen sich zum Mahle nieder, so auch GURNEMANZ, welcher einen Platz neben sich leer hält und PARSIFAL durch ein Zeichen zur Theilnehmung am Mahle einlädt: PARSIFAL bleibt aber, starr und stumm, wie gänzlich entrückt, zur Seite stehen.)

128

130

K 1002

(*Während des Mahles, an welchem er nicht theilnahm, ist AMFORTAS aus seiner begeisterungsvollen Erhebung allmählich wieder herabgesunken:*
er neigt das Haupt und hält die Hand auf die Wunde. Die Knaben nähern sich ihm, ihre Bewegungen deuten auf das erneuerte Bluten der Wunde:
sie pflegen AMFORTAS, geleiten ihn wieder auf die Sänfte, und, während Alle sich zum Aufbruch rüsten, tragen sie, in der Ordnung, wie sie
kamen, AMFORTAS und den heiligen Schrein wieder von dannen. Die RITTER ordnen sich ebenfalls wieder zum feierlichen Zuge, und ver-
lassen langsam den Saal)

(Hier entfernt sich der Zug mit AMFORTAS gänzlich.-
Verminderte Tageshelle tritt ein.)

134

124.

K 1002

135

(Knappen ziehen wieder in schnellerem Schritte durch die Halle)

126.

K 1002

137

127. *) Mit Dämpfern und stark angeblasen.

128.

K 1002

139

ZWEITER AUFZUG.
KLINGSOR'S ZAUBERSCHLOSS.

129.

Heftig, doch nie übereilt.

130.

K 1002

K 1002

134.

(KLINGSOR *setzt sich wieder vor die Zauberwerkzeuge und ruft, mit geheim-nissvollen Gebärden, nach dem Abgrunde*)

Herauf! Herauf! zu mir! Dein

148

Etwas mässiger.

Langsamer.

139

stark in Heiligkeit, der einst mich von sich stiess: sein Stamm ver.fiel mir, un . er . lös't soll der Hei . ligen

160

Etwas mässiger.

144.

KLINGS. Haha! Ge fiel er dir wohl, Am for tas der Held den ich zur Won ne dir ge

Vc. sellt?

KUNDRY. Oh! Jam mer! Jam mer! Schwach auch Er,— schwach

162

146.

K 1002

147.

KUNDRY geräth in unheimliches extatisches Lachen bis zu krampfhaftem Wehegeschrei.

fürch - tet sich nicht: dem Helden Fer - ris ent - wand er die Waffe, — die führt er nun freis - lich wider den Schwarm.

Wie ü - bel den Tölpeln der Ei - fer ge - deiht! Dem schlug er den Arm, — Jenem den Schenkel! Haha! Sie

K 1002

dumm fiel'st du in meine Ge.walt: die Rein..heit dir ent.rissen, bleib'st mir du zu.gewiesen.

(Er versinkt schnell mit dem ganzen Thurme; zugleich steigt der Zaubergarten auf)

K 1002

171

154.

174   K 1002

156.
1e Fl. più f
2e u. 3e più f
1e Hob. più f
2e u. 3e Althob. più f
più f
1e u. 2e Cl. ff
3e più f
3 Tromp. (zu 3) (Es) f
1s u. 2s Hör. (F) f
3s u. 4s f
1r u. 2r Fag. ff
3r ff
Viol. f p
Br. ff tr f p
1. sollst du sein! Ha! Küh - ner! Wag'st du zu
2. sollst du sein! Ha! Küh - ner!
3. sollst du sein! Ha! Küh - ner!
(1e Gr.)
SOPR. I. sollst du sein! Ha! Küh - ner! Wag'st du zu
II. sollst du sein! Ha! Küh - ner! Wag'st du zu
III. sollst du sein! Ha! Küh - ner!
(2e Gr.)
CHOR. 1r sollst du sein! Ha! Küh - ner!
2r sollst du sein! Ha! Küh - ner!
PARSIFAL. (PARSIFAL springt etwas tiefer in den Garten herab. Die Mädchen weichen jäh zurück)
Vc. f p
CB. (geth.) ff

184

192

163.

168.

PARSIFAL. (*PARSIFAL, ihrer anmuthigen Zudringlichkeit sanft wehrend*)

Ihr wild hol _ des Blu _ mengedränge, soll ich mit euch spie _ len, entlass't mich der En _ ge!

K 1002

203

Sehr ruhig. (im Charakter des vorigen Zeitmaasses)

KUNDRY. Ihr kin_dischen Buhlen, weichet von ihm; __ früh __ wel_kende Blu_men, nicht euch __ ward er zum

KUNDRY. Spie_le be__stellt. Geht heim pfleget der Wunden; ein__sam erharrt euch mancher Held!

173

K 1002

211

212

174.

Sehr langsam.

(Mit dem Letzten sind die Mädchen, unter Gelächter, im Schlose verschwunden)

*(PARSIFAL sieht sich schüchtern nach der Seite hin um, von welcher die Stimme kam. Dort

ist jetzt, durch Enthüllung des Blumenhages, ein jugendliches Weib von höchster Schönheit_

KUNDRY, in durchaus verwandelter Gestalt_ auf einem Blumenlager in leicht verhüllen.

der, phantastischer Kleidung_ annäherend arabischen Styles_ sichtbar geworden)

Stolzer! Du Thor!

(noch ferne stehend)

Diess Al.les hab'ich nun ge.träumt?_ Riefest du mich Namen.losen?

Dich nannt' ich, thörger Reiner: „Fal.par.si_ dich rei.nen Tho.ren: „Par.si_.fal." So

Ban — gen: nie sollte Kun.de zu dir her gelangen. Hörst du nicht noch ihrer Kla — ge Ruf,

wann spät und fern du ge.weilt? Hei! was ihr das Lust und La — chen schuf, wann sie su — chend dann dich er —

eilt; wann dann ihr Arm dich wüthend umschlang, ward dir es wohl gar beim Küssen

K 1002

Belebend.
Wieder etwas zurückhaltend.
Fl. 1e
cresc. - - poco
1e(A)
Cl.
poco cresc. - poco
2e(B)
(in B)
1e u. 2e
Hör. (E)
poco cresc.
3e u. 4e
1r u. 2r
Fag. 3r
Bsclar. (A)
(in A)
Viol.
cresc.
dim.
pizz.
Br. (geth.)
KUNDRY.
Ga-muret umschloss, als Her-ze-leid's Entbrennen ihn sen-gend über-floss! Die
Vc.
CB.
Gedehnt.
1e (in B)
2e (in B)
più p
3 Pos.
3e
Bstb.
Br.
Leib und Leben einst dir ge-ge-ben, der Tod und Thorheit weichen muss, sie beut dir heut' als Mutter

Sehr belebend.

(Hier fährt PARSIFAL plötzlich mit einer Gebärde des höchsten Schreckens auf; seine Haltung drückt eine furchtbare Veränderung aus; er stemmt seine

K 1002

227

228

Furcht . bare Kla . ge! Aus tiefstem Herzen schreit sie mir auf. Oh!_____ Oh!_____

Seh . nen, das alle Sinne mir fasst und zwingt. Oh!— Qual der Lie . . . be! Wie Alles

K 1002

186.

234

Nur hier im Herzen will die Qual nicht weichen. Des Hei-lands Kla-ge da vernehm ich, die Klage, ach die

242   K 1002

Wange! Mit aller SchmerzenQual ____ im Bunde, das Heil der See . . le entküss . te ihm der Mund! ____

244

K 1002

193.

246

K 1002

254

256

200.

jammernd schmach_ten sah, die Brü_der dort in grau_sen Nöthen,den Leib sich quä_len und er_

töd_ten. Doch wer er_kennt ihn klar und hell,des einz'gen Hei___les wah___ren

Lebhaft.

205.

264

266   K 1002

208.

268

K 1002

KUNDRY.
Pfad' und We - ge, die dich mir ent - füh - ren, so ___ ver - wünsch ___ ich sie

KUNDRY.
dich weih' ich ihm zum Ge . leit!____

(KLINGSOR ist auf der Burgmauer herausgetreten und schwenkt eine Lanze gegen
PARSIFAL)

KLINGSOR.
Halt____ da! Dich bann' ich mit der rechten Wehr! Den Thorenstel - le mir seines

210.
Etwas zurückhaltend.
3 Fl.
3 Hob.
3 Cl.
Althob.
4 Hör.
Fag.
3 Tromp.
Pos.
Pauk. (D)
Harfe.
Etw. zurückh.
glissando
Viol.
Br.
PARS.
KLINGS.
Vc.
CB.
più cresc.
f dim. p
p (zart)
(trem.)
Mei- sters
Speer!
(PARSIFAL erfasst den Speer mit der Hand und hält ihn über seinem Haupte.)
Mit diesem Zeichen bann' ich deinen Zauber:
(Er schleudert auf PARSIFAL den Speer, welcher über dessen Haupte schweben bleibt)

Wieder ganz lebhaft.

274

212.

(PARSIFAL wendet sich von der Höhe der Mauertrümmer zu KUNDRY zurück.)

Du weisst, wo du mich wie . . . der fin . den kannst!

276
K 1002

DRITTER AUFZUG.

(*Die Bühne öffnet sich.— Freie anmuthige Frühlingsgegend auf dem Gebiete des Grales. Nach dem Hintergrunde zu sanft ansteigende Blumenaue.
Den Vordergrund nimmt der Saum des Waldes ein, der sich nach rechts zu, auf steigendem Felsengrund ausdehnt. Im Vordergrunde, an der
Waldseite, eine Quelle; ihm gegenüber, etwas tiefer, eine schlichte Einsiedlerhütte, an einen Felsblock gelehnt.— Frühester Morgen.*)

(*GURNEMANZ, zum hohen Greise gealtert, als Einsiedler, nur in das Hemd
des Gralsritters gekleidet, tritt aus der Hütte und lauscht.*)

217.

Von dort her kam das Stöhnen:— So jam - - mer voll klagt kein Wild,— und gewiss gar nicht am

Beeilend. Lebhaft.

dörn' hielt sie verdeckt, wie lang schon? Auf! Kun-dry! Auf! Der Winter floh, und

(Er zieht KUNDRY, ganz erstarrt und leblos, aus dem Gebüsch hervor und trägt sie auf einen nahen Rasenhügel)

Lenz ist da! Er-wa-che! Er-wa-che dem Lenz! Kalt und starr.

Langsam.

Sehr langsam.

Allmählich etwas belebend.

Diessmal hielt' ich sie wohl für todt:— doch war's ihr Stöhnen,was ich vernahm?

(GURNEMANZ reibt der erstarrt vor ihm ausgestreckten KUNDRY stark die Hände und Schläfe, und bemüht sich in Allem, die Erstarrung von ihr weichen zu machen)

Etwas langsamer.

Etwas bewegter.

GURN. (*KUNDRY ist in rauhem Büssergewande, ähnlich wie im ersten Aufzuge; nur ist ihre Gesichtsfarbe bleicher; aus Miene und Haltung ist die Wildheit gewichen.— Sie starrt lange GURNEMANZ an.— Dann erhebt sie sich, ordnet sich Kleidung und Haar, und lässt sich sofort wie eine Magd zur Bedienung an)*

GURNEMANZ.
Du tolles Weib! Hast du kein Wort für mich?

(*KUNDRY neigt langsam das Haupt:*

Ist diess der Dank, dass dem Todesschlafe noch einmal ich dich entweckt'?

222.

224.

226.

(Er ist ganz in schwarzer Waffenrüstung, mit geschlossenem Helme und gesenktem Speere schreitet er, gebeugten Hauptes, träumerisch zögernd, langsam daher und setzt sich auf den kleinen Rasenhügel am Quelle nieder.)

(ausdrucksvoll)

GURN. (nachdem er PARSIFAL staunend lange betrachtet, tritt nun näher zu ihm) Heil dir, mein Gast! Bist du ver_irrt, und soll ich dich weisen?

(PARSIFAL schüttelt sanft das Haupt)

Etwas lebhafter.

GURN. (PARSIFAL neigt das Haupt) Ent_bietest du mir keinen Gruss?

(unmuthig) Hei!_ Was?_ Wenn dein Gelübde dich

290

K 1002

Wieder etwas langsamer.

GURN.: Heiden weiltest du, zu wissen nicht, dass heute der al-ler-hei-ligste Charfreitag ist? *(PARSIFAL senkt das Haupt noch tiefer.)* Schnell ab die Waffen!

228.
Sehr langsam.

Nicht schleppen!

GURN.: Kränke nicht den Herrn, der heute, bar je-der Wehr, sein heilig Blut der sün-di-gen Welt zur Süh-ne bot!

292

K 1002

(PARSIFAL erhebt sich, nach einem abermaligen Schweigen, stösst den Speer vor sich in den Boden, legt Schild und Schwert davor nieder, öffnet den Helm, nimmt ihn vom Haupte und legt ihn zu den anderen Waffen, worauf er dann zu stummem Gebete vor dem Speere
niederkniet)

229.

294

K 1002

232.

ach! den Weg des Hei-les nie zu finden, in pfad-lo-sen Irren trieb ein wil-der Fluch mich um.

her: zahl-lo-se Nö-the, Kämpfe und Streite zwangen mich ab vom Pfa-de, wähnt` ich ihn recht schon erkannt.

236

PARS. un.entweih't führ'ich ihn mir zur Sei.te, den ich nun heimgeleite, der dort dir schimmert heil und hehr: des Gra.les

Ruhig (ohne Dehnung.)

der dich vom rechten Pfad ver.trieb, so glaub', er ist ge.wichen. Hier bist du; diess des Gral's Gebiet;

dein har.ret seine Ritterschaft. Ach, sie bedarf des Heiles, des Heiles, das du bringst! Seit dem

Ta.ge, den du hier ge.weilt, die Trau.er, so da kund dir ward, das Ban.gen wuchs zur höchsten

sagt: Ge_mei_ne Atzung muss uns nähren: dar_ob versiech_te uns'rer Helden Kraft:

nie kommt uns Botschaft mehr, noch Ruf zu heil'gen Kämpfen aus der Ferne; bleich und

e_lend wankt umher die Muth_ und Führer_lo_se Rit_terschaft. In dieser Waldeck' barg ich selber

Busse, keine Sühne der Blindheit mich entwindet, zur Rettung selbst ich auserkoren,

in Irrniss wild verloren, der Rettung letzter Pfad mir schwindet!..

243.

Lebhaft.

(PARSIFAL droht ohnmächtig umzusinken. GURNEMANZ hält ihn aufrecht und senkt ihn zum Sitze auf dem Rasenhügel nieder.)

(KUNDRY holt hastig ein Becken mit Wasser, um

Werk hab' er noch heut' zu wirken, zu wal.ten ei.nes heil'gen Amtes:— so sei er fle.ckenrein, und lan . ger

Irrfahrt Staub soll nun von ihm gewaschen sein.

(*PARSIFAL wird von den Beiden sanft zum Rande des Quelles ge-wendet. Unter dem Folgenden lös't ihm KUNDRY die Beinschienen,*

251.

(Während GURNEMANZ feierlich das Wasser sprengt, zieht KUNDRY ein goldenes Fläschchen aus ihrem Busen, und giesst seinen Inhalt auf PAR-

je - der Schuld Be - küm - merniss von dir!

Etwas beschleunigend und drängend.

SIFAL'S Füsse aus; jetzt trocknet sie diese mit ihren schnell aufgelös'ten Haaren.)

Lei-den du ge-lit-ten, die letz-te Last ent-nimm nun sei-nem Haupt!

K 1002

322   K 1002

256.

257.

und Wiese, welche jetzt im Vormittagslichte leuchten)

Wie dünkt mich doch die

Au ‥ e heut so schön

Wohl traf ich

324

K 1002

264.

336　　　　　　　　　　　　　　　　　　　　　　　　　　　　　　K 1002

Immer feierlich das Zeitmaass zurückhaltend.

(*Die Gegend verwandelt sich sehr allmählich, ähnlicher Weise wie im ersten Aufzuge, nur von rechts nach links. Nachdem die Drei eine Zeitlang*

*) Mit geeigneter Benutzung der tiefen (C-) Saite auf den neueren Contrabässen.

sichtbar geblieben , verschwinden sie gänzlich , als der Wald sich immer mehr verliert und dagegen Felsengewölbe näher rücken.)

338

SCENE (Hier öffnen sich die Felswände und die ganze Gralshalle, wie im ersten Aufzuge, nur ohne die Speisetafeln, stellt sich wieder dar. Düstere Beleuchtung: Von der einen Seite ziehen die, TITURELS Leiche im Sarge tragenden, Ritter herein; von der anderen Seite die AMFORTAS im Siechbette geleitenden; vor diesem der verhüllte Schrein mit dem Grale.)

1ᵉʳ Zug (mit AMFORTAS (BASS)

Ge . lei . ten wir im bergenden Schrein den Gral zum hei . ligen Am . te, wen ber . get ihr im

Ge . lei . ten wir im bergenden Schrein den Gral zum hei . ligen Am . te, wen ber . get ihr im

350

277.
Hob.
Althob.
Cl.
4 Hör.
3 Fag.
3 Tromp.
3 Pos.
Bstub.
Pauk.
Viol.
Br.
AMFORTAS.
(Beim Anblick der Leiche TITUREL'S bricht Alles in einen jähen Wehruf aus)
AMFORTAS (von seinem Lager sich hoch aufrichtend, zur Leiche gewendet)
Mein Va - ter! Hochgeseg - neter der
Vc.
CB.
1e Hälfte.
p (ausdrucksv.)
poco f dim.
p cresc.
più p

352

354

280.

Sehr langsam.

281.

356

K 1002

283.

das Mitleid's höch.ste Kraft und reinsten Wissen's Macht dem za.gen Tho . . ren gab!

(PARSIFAL schreitet nach der Mitte, den Speer vor sich erhebend)

Den heil'gen

Glück! Der deine Wun_de durf_te schliessen, ihm seh' ich heil_ge's Blut _____ entfliessen in

Sehn suchtnachdemverwandtenQuel le,derdortfliesst indes Gra les Welle. Nichtsolldermehrverschlossensein:

entnimmt dem von den Knaben geöffneten Schreine den „Gral,“ und versenkt
sich, unter stummem Gebete, knieend in seinen Anblick.)

K 1002

291.

(*Allmähliche sanfte Erleuchtung des „Grales"*)

(Zunehmende Dämmerung in der Tiefe, bei wachsendem Lichtscheine aus der Höhe.)

370

(Lichtstrahl: hellstes Erglühen des Grales. Aus der Kuppel schwebt eine weisse Taube herab und verweilt über PAR. SIFAL'S Haupte.)

(KUNDRY, sinkt, mit dem Blicke zu ihm auf, vor PARSIFAL entseelt langsam zu Boden, AMFORTAS und GURNEMANZ huldigen knieend PARSIFAL, welcher den Gral segnend über die anbetende Ritterschaft schwingt.)

(Der Bühnenvorhang wird langsam geschlossen.)

377 ENDE

This is an unabridged reprint of the first Schott edition (s.d.), the first print of the full score.
The copy reproduced here is preserved in the Liszt Ferenc Memorial Museum and Research Center,
Budapest and the publisher would like to express gratitude for the kind permission. The copy was owned
by Ferenc Liszt. His corrections have been incorporated in the present publication.

© 1993 by Könemann Music Budapest Kft. · H-1027 Budapest, Margit krt. 64/b

Responsible editor: István Máriássy
Production: Detlev Schaper
Technical editor: Zsófia Kempfner
Cover design: Peter Feierabend

Printed by: Kner Printing House Gyomaendrőd
Printed in Hungary

ISBN 963 8303 06 9